GABRIEL MARC

L'AUVERGNE AUX SALONS

DE 1891

EXTRAIT DE LA *REVUE D'AUVERGNE*

CLERMONT-FERRAND

TYPOGRAPHIE ET LITHOGRAPHIE G. MONT-LOUIS

Rue Barbançon, 2

1891

LES BEAUX-ARTS
EN AUVERGNE ET A PARIS
(1868-1889)

PAR

GABRIEL MARC

Sous ce titre : **LES BEAUX-ARTS EN AUVERGNE ET A PARIS (1868-1889)**, la librairie Lemerre vient de publier un volume d'un caractère très particulier, qui forme la troisième partie de cette trilogie littéraire, inspirée par l'Auvergne, comprenant la Poésie : *POÈMES D'AUVERGNE*, les Contes du pays natal : *LIAUDETTE*, et enfin la Critique d'art. L'Académie française et le public ont accueilli favorablement les deux premiers volumes. Nous pensons que le troisième sera lu avec intérêt, non-seulement par les admirateurs des paysages de montagnes, mais encore par ceux qui se préoccupent du mouvement artistique en général, et qui trouveront dans ce livre des études raisonnées sur les diverses écoles modernes et sur les principales œuvres exposées aux Salons parisiens.

Un volume in-18 jésus. — Prix : 3 fr. 50.

POÉSIES DE GABRIEL MARC

SOLEILS D'OCTOBRE.
LA GLOIRE DE LAMARTINE.
LE PUY-DE-DOME.
SONNETS PARISIENS.
POÈMES D'AUVERGNE (Mention honorable de l'Académie française).
[Charpentier, éd.]

THÉATRE

QUAND ON ATTEND ! Comédie jouée au Gymnase par M. Saint-Germain.

PROSE

LIAUDETTE, Contes du pays natal (Ouvrage couronné par l'Académie française).
[Charpentier, éd.]

GABRIEL MARC

L'AUVERGNE AUX SALONS

DE 1891

EXTRAIT DE LA *REVUE D'AUVERGNE*

CLERMONT-FERRAND
TYPOGRAPHIE ET LITHOGRAPHIE G. MONT-LOUIS
Rue Barbançon, 2

1891

L'AUVERGNE AUX SALONS

DE 1891

Nous pourrons faire, cette année, une revue à peu près complète des artistes d'Auvergne et de ceux qui reproduisent nos paysages. Car tous, ou presque tous, ont figuré à une, au moins, des nombreuses expositions de 1891, depuis celle de l'Union artistique et littéraire de la rue Volney jusqu'au Salon du Palais des Arts Libéraux.

Il ne faut pas dédaigner les petits Salons, ceux des Cercles, par exemple. Les peintres y envoient des œuvres qu'ils considèrent quelquefois comme de second ordre, des tableaux inachevés, de simples esquisses et souvent ces toiles ont un charme et une valeur que leurs auteurs mêmes ne soupçonnent pas.

Ainsi, au Cercle de la rue Volney, la plate-bande d'azalées, de M. Franc Lamy, était une fête pour les yeux. Ces fleurs délicates, dont le coloris va du jaune et du rose pâles au safran et au pourpre, avaient permis à la riche palette de l'artiste de répandre et d'harmoniser toutes ses teintes. Au Cercle de l'Union artistique de la rue Boissy-d'Anglas, le même peintre, sous le titre de *Badinage*, représentait un intérieur de boudoir, très fin de siècle, dans lequel une indolente Parisienne, au costume éclatant, d'un japonisme compliqué, jouait languissamment avec une peau de tigre. A cette exposition, on remarquait aussi deux jolis paysages de M. Boutet de Monvel : *Une rue de Mauriac* et *Une ruelle en Auvergne*.

C'est au Cercle Volney qu'un de nos compatriotes

d'origine, M. Serendat de Belzim, avait exposé un beau portrait destiné à l'Institut Royal de l'Ile Maurice, cette regrettée Ile de France, où les Auvergnats formaient, à la fin du siècle dernier, une nombreuse colonie. Ce portrait nous a permis d'étudier la figure douce et intelligente du docteur Brown-Séquard. Le célèbre physiologiste est, en effet, né à Maurice, en 1818. Naturalisé Français, il a succédé à Claude Bernard, en 1878, dans la chaire de médecine expérimentale, au Collège de France. Il est membre de l'Académie des Sciences, depuis 1886, comme successeur du docteur Vulpian.

M. Serendat de Belzim nous amène naturellement à la Société des Artistes Indépendants, dont il est trésorier, et qui a ouvert sa septième exposition, au pavillon de la Ville de Paris (Champs-Elysées), du 20 mars au 27 avril. Il faut louer l'ensemble de ses envois; ils révèlent un talent réel et varié. Si nous aimons moins son *Etoile* de petit théâtre, au maillot collant et aux hanches provocantes, tout en reconnaissant la force et le relief de l'œuvre, nous placerons, parmi les meilleures toiles de l'artiste, le portrait de M. L. L..., *Un vœu à la Madone*, d'une coloration charmante et la *Sainte-Ursule*, d'une étrangeté archaïque des plus attrayantes.

Les cinq tableaux de M. Vital Guillot, né à Issoire, ne doivent pas être omis. Ils sont intitulés : *Souvenir français*, *Un intérieur*, *Halte d'artistes*, *Une rencontre imprévue*, portrait de Mme J. V. G... Citons aussi un portrait de femme par Mme Madeleine Saint-Héran, et admirons les nombreux paysages de M. Frédéric Deschamps, particulièrement ceux qui évoquent notre chère Auvergne. Voilà des aquarelles largement peintes, inspirées par les vieilles rues si pittoresques de Salers. L'hôtel Sevestre et la maison des Templiers frappent par l'originalité de leur architecture. Quant à la rue de Châteldon, c'est une peinture de mérite, au coloris clair, dans la manière de Gagliardini.

*
* *

Le 25 avril, s'est ouverte, pour un jour seulement, l'exposition annuelle de l'Union artistique et littéraire d'Auvergne, *La Soupe aux Choux*. Elle n'avait jamais été si brillante.

La galerie de Véfour était trop petite pour contenir les toiles et les sculptures, qu'on avait dû entasser un peu pêle-mêle, sur les chevalets improvisés et les selles de sculpteurs servant de socles aux statues. Mais cet ensemble avait le charme des choses hâtées et éphémères et faisait songer au *beau désordre* dont parle Boileau. Ici nous allons trouver bien des noms connus ou célèbres, aimés ou sympathiques.

Schenck avait envoyé deux grandes scènes, observées sur nos montagnes, une pendant l'été, l'autre au milieu de l'hiver, le drame à côté de l'idylle. Il voulait ainsi nous faire regretter encore plus son absence au Salon des Champs-Elysées, dont les portes cependant lui sont ouvertes de droit. Mais nous l'y retrouverons, l'an prochain, toujours plus jeune et plus vigoureux. Car la fréquentation assidue du beau pays d'Auvergne semble avoir communiqué sa force et son éternelle jeunesse à la nature et au talent du peintre de nos vastes plateaux.

Le projet de monument à Vercingétorix, par l'éminent statuaire Auguste Bartholdi, donnait une impression nouvelle et saisissante. Devant cette réduction, on pouvait se rendre compte de l'effet que produirait le jeune Arverne foulant, sur son cheval envolé et hennissant, le cadavre du soldat romain étendu sur le roc. Deux hautes colonnes rapprochées, d'un pur style dorique, supporteraient et élèveraient en plein ciel ce groupe mouvementé, faisant servir ainsi l'art grec à la glorification du héros de l'indépendance nationale. Les idées généreuses et patriotiques ont souvent inspiré l'auteur de la statue de la Liberté éclairant le monde. Cette année encore, au Salon, il a obtenu un réel succès avec les deux groupes en marbre destinés au monument élevé à Gambetta, à Ville-d'Avray. Ils représentent l'Alsace et la Lorraine se réfugiant, avec leurs enfants, au pied de l'autel de la Patrie.

Jean Desbrosses, le paysagiste consciencieux et osé, que les tons verts les plus vifs n'effrayent pas, avait exposé des études de maître, nous transportant à Estivareilles, sous les châtaigniers de Royat, aux bords de la Couze qui reflète les châteaux-forts des environs d'Issoire, dans les bruyères de Tortebesse, près du lac de Guéry et des roches Thuilière et Sanadoire. Son grand paysage, *La Plaine de la Demoiselle*, effet d'orage sur un plateau des Vosges, d'une rare justesse d'impression et de rendu, a attiré, aux Champs-Elysées, l'attention des admirateurs des ciels nuageux, comme les comprenait Chintreuil.

On se souvient des œuvres d'art de notre compatriote Diomède, placées dans les vitrines de la maison Odiot, à l'Exposition universelle de 1889. On se rappelle ces plats en argent, ces aiguières si finement travaillées, et ce magnifique coffret sur lequel sont représentés les *Sept Péchés capitaux*. Il nous avait envoyé deux statuettes, d'une rare perfection, une Tunisienne et une femme d'Alger exécutant les danses arabes. Sans faire oublier notre grand ciseleur, Morel-Ladeuil, M. Diomède nous console de sa mort prématurée. Il est le fils de ses œuvres. Né dans les environs de Sauxillanges, il a dû lutter énergiquement avec les difficultés de la vie. C'est un fort et un persévérant. Son grand bonheur est d'aller passer, de temps en temps, quelques jours dans sa jolie propriété située à deux pas de son pays d'enfance et d'où il peut admirer, sans sortir de son jardin, les découpures grandioses des montagnes lointaines et les fines ciselures des haies et des arbres sur les coteaux voisins.

Les deux scènes militaires de M. Petit-Gérard, un Alsacien, qui, à l'exemple de Bartholdi, a voulu s'allier à l'Auvergne, doivent être signalées à tous ceux qui aiment le genre épisodique des Protais et des Detaille.

M. Alphonse Cornet, probablement absorbé par la décoration de quelque château historique, n'a pu se manifester, cette année, par la création de types nouveaux à ajouter à son défilé des gueux. Mais il avait envoyé sa carte à la « Soupe aux Choux, sous la forme d'un gracieux tableau de genre, *Le Déjeuner du Chat*.

L'excellent pastel de M. Assézat de Bouteyre, une ravissante tête de femme, était bien fait pour confirmer notre pensée que les envois aux petits Salons, même à ceux qui ne durent qu'un jour, méritent souvent de fixer l'attention et font connaître les aptitudes et la nature de l'artiste, mieux que des œuvres plus travaillées. Son *Petit Rêveur*, osé et moderne, épuisant la gamme des bleus, indiquait des tendances vers la peinture de la vie réelle et du plein air. C'est ainsi également que l'étude de M. Louis Retru prouvait la délicatesse de son pinceau et sa science du dessin et de la composition. La petite nymphe, en effet, qu'il nous présentait, sur un fond de verdure sombre, à peine endormie dans une pose harmonieuse, ravissait les regards par sa grâce pudique et la chair palpitante et claire de son corps charmant, dans l'enveloppement mystérieux de la lumière et de l'air.

M. Franc Lamy a montré, par ses deux paysages, qu'un bon peintre de figures a raison de ne pas dédaigner l'étude de la nature agreste et d'aller chercher des impressions à travers les plaines et les forêts. Ses coteaux entrevus à travers les arbres des premiers plans, alors que l'automne donne aux fonds violacés des teintes mélancoliques, étaient étudiés avec la plus minutieuse observation et rendus avec une remarquable finesse.

M. Dupérelle, dont nous avons déjà signalé plusieurs fois les paysages, est de l'école de Daubigny. Il reproduit, avec soin et habileté, le morceau qu'il a devant lui ; mais le choix de ses sujets n'est pas toujours fait avec un bonheur égal. Il avait, à la « Soupe aux Choux » plusieurs toiles intéressantes, mais de mérites divers : *Le Pont de Moret*, *Le Quai de Saint-Mammès*, *Un Coin de Paris*, *La Grande falaise à Yport*. *Les Bords du Loing* nous ont particulièrement frappé par la justesse du coloris et la vérité de l'ensemble.

Signalons deux bonnes études de M. Costilhes : *Village breton* et *Un Coin de Parc* et les paysages de M. Pierre Tullon, que nous retrouverons au Salon des Arts Libéraux.

Les portraitistes étaient en nombre à l'Exposition Auvergnate. Citons Mlle Marie Vasselon, M. Joseph Bernard, M. Emmanuel Brun, Mlles Cécile et Marie Dezliens, dont nous parlerons plus loin. Quant aux envois de M. Jules Toulot, ils méritent une attention spéciale.

Comme peintre de portraits, M. Jules Toulot s'est, en effet, manifesté cette année d'une façon particulièrement attrayante. Il nous a permis de contempler la grâce et la beauté de plusieurs dames ou jeunes filles de la colonie d'Auvergne. C'est avec un talent incontestable qu'il reproduit les traits délicats ou les figures plus accentuées, les boucles blondes ou les brunes chevelures. Il rend aussi, avec art, les mille détails de la toilette des femmes, fourrures et dentelles, soies ou velours, dont il marie habilement les couleurs. Le grand portrait de Mme Desombres, en sortie de bal est une œuvre importante. Le modèle facilitait, du reste, la tâche de l'artiste, qui a su exprimer la noblesse de l'attitude et le charme de la tête, au col délié, qui pourrait inspirer le ciseleur Diomède, pour une Diane chasseresse. Mme Bartin et sa nièce sont harmonieusement groupées dans la même toile. La robe élégante de Mme Touttée se détache vigoureusement sur un fond rouge. Mme Chautard, en toilette de ville, est d'une ressemblance parfaite. Quant à Mlle Tézenas, de Saint-Priest, elle est peinte assise, en robe claire dont le ton s'allie avec le teint frais du visage. Ce portrait prouve que M. Toulot peut aller, comme en se jouant, des colorations solides et sombres aux teintes vives et fines de l'école moderne. Un projet de composition puissante et farouche, *Néron devant l'incendie de Rome*, rappelait que l'artiste a, depuis longtemps, abordé la grande peinture. On a pu voir, dans son atelier de la rue de Sèvres, un *Vercingétorix dans la prison de Rome*, encore à l'état d'esquisse, *Le Sommeil d'une Damnée*, la *Salammbô* du Salon de 1886 et cette délicieuse toile, dont l'Exposition de Clermont a eu, croyons-nous, la primeur, *Les Colombes de Carthage*.

Le sculpteur Mombur, dont nous signalons les envois au Salon des Champs-Elysées, à la fin de cette étude, avait exposé un bronze d'une grâce exquise, *La Chanson*, les statuettes de Lafayette et de Washington et une esquisse en plâtre d'un groupe allégorique superbe, *Les premiers Héros de la Liberté*. L'œuvre déjà considérable de Mombur révèle un talent souple, maître de lui, d'une correction sans défaillance, et d'une rare unité. Nous souhaitons au jeune élève de l'Ecole des Beaux-Arts, M. Champeil, de marcher sur ses traces. Ses premiers essais le font espérer. Car il y a déjà beaucoup de savoir dans le buste vivant de M. le sénateur Cabanes, et dans la maquette en cire d'une statue du général Milhaud.

N'oublions pas les études pour la décoration de l'hémicycle et du pavillon des bains du Mont-Dore, par M. Emile Camut, architecte du Gouvernement et de l'Administration des Domaines, et notons les jolies fleurs à l'aquarelle de Mlle Beyne et l'excellente épreuve d'une gravure dédiée à M. le sénateur Gomot, par M. Alfred Mandet, *La Nanette de Champeyroux*.

On voit que l'Exposition Auvergnate prend une importance sérieuse. Il faudra songer, pour les années à venir, à trouver pour elle un local plus vaste et à la rendre plus durable. Cette manifestation artistique est à l'actif d'une Société fondée en 1880, très attaquée, très critiquée, mais n'en continuant pas moins à exister, sans songer à rivaliser avec les Associations de Secours Mutuels et autres, se contentant de réunir des hommes dans toutes les situations et de tous les talents, qui peuvent s'apprécier, échanger leurs idées et leurs projets, et d'être une des réunions les plus connues de Paris, en conservant son nom modeste et populaire « La Soupe aux Choux! »

*
* *

Nous voilà maintenant au Salon des Champs-Élysées.

En pénétrant dans la grande salle d'entrée, l'œil est attiré par une toile placée presqu'en face de la vaste composition historique, aux tons mornes et froids, de Jean-Paul Laurens, *La Voûte d'acier*. Cette toile, d'un bel effet décoratif, signée : Franc Lamy, n'a pas, elle, le défaut d'être trop sombre. Elle serait, au contraire, presque trop colorée. Il faut la regarder quelque temps pour s'habituer au papillotement des feuillages et des fleurs, qui vous éblouit. Trop de fleurs, dirait Calchas. Mais il aurait tort. Car on ne saurait se lasser des floraisons, des verdures éclatantes et des jolies nymphes jouant avec les colombes et les paons familiers, sous les regards du divin archer, Eros. Ce sont, en effet, de belles femmes, sans voiles, qui errent dans la prairie idéale, où les rhododendrons étincellent comme un bouquet de feu d'artifice, où les roses énormes mériteraient de s'appeler passe-rose, où les paons font briller au soleil les émeraudes et les saphirs de leur plumage. Elles errent dans des poses nonchalantes ou gracieuses, sans autre souci que de cueillir des gerbes odorantes, de baigner dans l'eau claire leurs corps opalins et, peut-être, avec l'arrière-pensée de montrer la supériorité de leur costume sommaire sur celui des femmes modernes, dont les hautes épaulettes leur font craindre une conformation nouvelle et inquiétante. M. Franc Lamy continue ainsi la série de ces œuvres bien personnelles, dont le succès lui a valu, en moins de quatre années, toutes les récompenses qui mettent un artiste hors concours.

L'immense tableau de Georges Rochegrosse, *La Mort de Babylone*, que tous les critiques d'art ont signalé comme la composition la plus étonnante du Salon, que tous les journaux illustrés ont reproduit, avec sa coloration merveilleuse, ses débauches d'étoffes précieuses et de soieries étincelantes, admirablement nuancées, avec ses groupes de guerriers endormis et de femmes, aux formes admirables, aux poses d'une audace inouïe, cet ensemble extraordinaire rapetisse et fait paraître noires toutes les toiles que le sort a placées près de lui. M. Louis Retru est une des victimes de ce dangereux voisinage. Sa grande toile paraît petite et le coloris devient presque terne, à côté du rayonnant palais de Balthazar. Il faut isoler cependant par la volonté l'œuvre de M. Retru et constater le grand effort du jeune peintre et les qualités sérieuses de son tableau. Il s'est plu à évoquer une des nymphes des montagnes d'Auvergne, une Oréade, dans le ravin sombre et terrible qui lui sert de retraite. Après avoir étudié et représenté, avec succès, les émouleurs et les forgerons de Thiers, dans l'usine et dans l'atelier, il a voulu personnifier, au moyen d'une allégorie puissante, la divinité protectrice des sommets et des antres profonds. La nymphe robuste qu'il a peinte est fortement musclée et, si la couleur paraît morne dans l'ombre du soir, la correction du dessin est inattaquable. C'est bien l'Oréade audacieuse, compagne de Diane, qui brave les orages et commande aux rafales. Pour le moment, cherchant la solitude dans la nuit hâtive des gorges de Margeride, elle tend les mains vers l'eau claire et froide qui tombe, en filets d'argent, le long des rochers. Assurément, ceux qui ont vu la petite nymphe endormie, dont nous avons parlé, auraient souhaité peut-être que l'artiste eût donné à son Oréade une pose plus gracieuse et une couleur plus attrayante. Mais il faut prendre l'œuvre telle qu'elle a été conçue.

Aussi bien, M. Louis Retru, en abordant cette année le nu si difficile à peindre, a prouvé que son pinceau peut tenter les sujets délicats comme les compositions vigoureuses. Nous l'engageons à marcher dans cette voie et, dès à présent, nous lui savons gré de découvrir près dès sources, sur les coteaux ou au fond des bois, des Naïades, des Napées et des Dryades, quand on n'y rencontre généralement que des laveuses de linge, des gardeuses de chèvres et de pauvres vieilles courbées sous leurs fardeaux.

Avec M. Petit-Gérard, il faut quitter les conceptions mythologiques et les rêveries idéales pour entrer dans les tristes et inoubliables réalités. Son tableau, *Les Lanciers de la Garde*, représente un des mille épisodes de la guerre de 1870. Dans le village de Villiers-les-Prés, le 16 août au matin, le curé et les habitants, groupés devant l'église, encouragent du geste et de la voix la brigade du général de France, qui marche au canon. — Bonne toile, qui révèle une étude minutieuse des costumes militaires, de la conformation et des mouvements du cheval. M. Petit-Gérard communique à ses personnages l'émotion patriotique qu'il ressent, comme dans son autre envoi, intitulé : *L'Espion*. C'est encore une manière de combattre et de préparer l'avenir, que d'évoquer ainsi les souvenirs douloureux de cette horrible guerre qui, pour nous, semble d'hier, mais que les jeunes pourraient oublier trop vite.

Quelques peintres de portraits doivent être mentionnés :

M. Joseph Bernard a agrandi la dimension de ses toiles. Il nous avait donné jusqu'à présent de petits portraits très étudiés, presque des miniatures. Le portrait de M. T..., de grandeur naturelle, ne fait pas regretter son ancienne manière.

Mlle Cécile Chalus, dont la *Fantaisie* avait été remarquée au Salon de 1890, s'affirme comme une artiste de valeur, par le portrait de Mme C..., belle dame en costume d'apparat aux tons verdâtres à la mode, assise dans son fauteuil sculpté, dans une pose sérieuse et gracieuse à la fois. Le raccourci du bras droit, très audacieux, révèle de fortes études de dessin et une grande habileté d'exécution. Mlle Chalus appartient à l'Auvergne par son père, commandant en retraite, né à Vic-le-Comte.

Le portrait de Mme P..., signé : Marie Vasselon, est une œuvre observée, qui a les honneurs de la cimaise. La tête un peu fatiguée est belle encore, les mains petites sont remarquablement modelées, la toilette sombre est d'une exquise harmonie. Mlle Vasselon a exposé aussi une composition pleine de fraîcheur, mais aux tons un peu trop heurtés, que lui ont inspirée ces vers des *Contemplations :*

Jeune fille, la grâce emplit tes dix-sept ans.
Ton regard dit : Matin, et ton front dit : Printemps.
Il semble que ta main porte un lys invisible.
Don Juan te voit passer et murmure : « Impossible ! »
Sois belle, sois bénie, enfant, dans ta beauté.

Les paysagistes, nés en Auvergne, reproduisent assez rarement les aspects merveilleux de ce beau pays. Ainsi M. de Vergèses, après avoir conquis une réputation méritée par ses intérieurs d'ateliers et ses scènes parisiennes, est allé, à l'exemple de notre grand Prosper Marilhat, demander à l'Orient, aux environs du Caire, l'an passé, à l'Algérie, cette année, des inspirations nouvelles. Depuis l'époque romantique, où un courant invincible entraîna vers l'Egypte des artistes dans tous les genres, avides de voir de près le monde oriental évoqué et deviné par Victor Hugo, depuis Marilhat, Félicien David, Gérard de Nerval, combien de peintres et de poètes ont consacré leur art à l'éclatant pays du soleil ! Malgré ces œuvres innombrables, nous ne blâmerons pas M. de Vergèses de nous faire encore de l'Orient, car l'artiste peut toujours s'inspirer des sujets déjà interprétés par ses devanciers, à la condition de ne pas être un imitateur et de se laisser aller à ses impressions personnelles. C'est ce que nous paraît avoir bien compris l'auteur de *La rue Bal-el-Darb, au vieux Biskra*, d'un effet réellement nouveau, avec sa teinte jaunâtre si particulière, et de *La Ferme Brahina-ben-Ganah*, devant laquelle les femmes arabes, gardiennes de la maison, se tiennent gravement dans la lumière apaisée du soir.

M. Eugène Costilhes, né à Cunlhat, encore presque à ses débuts, a trouvé, en Bretagne, le sujet de sa petite mais lumineuse toile. *La Ferme de la Gouesnière* est étudiée avec minutie, dans ses moindres détails : paysanne lavant son linge, jardin fleuri, arbres fruitiers, maison à pignon rustique, fouillis de plantes et d'instruments aratoires, tout est rendu avec une scrupuleuse exactitude et forme un ensemble intéressant.

M. Emmanuel Brun, lui, est allé voir les monuments, dans les paysages qui les encadrent, à Nîmes, à Arles, à Perpignan, et en a rapporté un grand nombre de dessins à la mine de plomb, nettement et largement exécutés, qui remplissent deux grands panneaux à la section d'architecture.

Quant à M. Ducaruge, il n'a pas abandonné les plaines du Forez, qui lui ont encore fourni le sujet d'un superbe fusain : *Effet de givre*.

Les montagnes du Forez nous amènent tout naturellement au cœur de l'Auvergne et aux peintres qui viennent y dresser leurs chevalets. M. Bellel, un des doyens des paysagistes français, est resté fidèle à nos sites et particulièrement aux pittoresques environs de Châteldon. C'est toujours avec plaisir que nous trouvons chaque année ses rochers fantastiques, aux tons d'ocre, et ses arbres farouches. Cette note romantique est là pour montrer la vigueur de ces hommes de 1830, qui n'ont jamais transigé avec leur foi et dont quelques-uns luttent et protestent encore, non plus contre les classiques, mais contre les réalistes et les impressionnistes. Bellel est le Jean Gigoux du paysage. Il devrait songer à une exposition de ses œuvres, comprenant les toiles faites en Algérie, celles composées en Auvergne, et ces merveilleuses aquarelles représentant des passages de caravanes dans le désert, dignes d'être comparées aux meilleurs Marilhat.

Un artiste distingué, M. Brielman, a trouvé, près de Besse, les motifs de deux paysages attrayants. *Le Moulin de la Villetour* est le plus important. Les grands arbres se mirant dans la petite rivière, les canards et les oies qui s'ébattent, les prairies herbeuses et mouillées, les fonds qui se perdent dans un ciel nuageux, cet ensemble charme le regard et le retient par une compréhension de la nature et une teinte générale très particulières. *La Cascade de Carignan* donne l'impression de fraîcheur et de solitude de ces coins de nature où la main de l'homme ne se fait pas sentir, où les rochers, les mousses et les arbustes s'entremêlent naturellement et laissent apercevoir çà et là la blanche écume des cascatelles.

Quel soleil éclatant et splendide, quels scintillements, quelle joie lumineuse dans le *Plein midi*, en Auvergne, de Gagliardini ! La petite rivière presque à sec, mais avec assez d'eau claire pour refléter le ciel pur, les rayons, les objets multicolores, coule sur un lit de cailloux étincelants; les maisons blanches, les toits rouges éclatent le long de la route, dans le cadre radieux des verdures et, dans le fond, la vieille tour du village domine le coteau. C'est faire œuvre de maître que de fixer ainsi la lumière du soleil, dont l'éclat transfigure les choses inanimées. L'Etat, qui a acquis cette toile, devrait avoir l'heureuse pensée de l'offrir à un de nos musées.

Signalons, comme contraste, une belle étude de neige par M. Alexandre de Lalobbe, et allons, avec M. Georges Serrier, un élève de Gagliardini, sur les bords sablonneux de l'Allier. Avec moins d'éclat, le disciple sait, lui aussi, choisir les beaux aspects et les bons moments de notre riche nature. La rivière coule profonde, de la teinte du ciel, où courent quelques nuages. Des coteaux modérés s'étagent à droite et à gauche, dans les feuillages au milieu desquels apparaissent quelques blanches maisons. Au-dessus, une vraie montagne, au sommet dénudé, indique la présence des volcans voisins. L'ensemble est gracieux et charmant.

Les Paysans de Châtel-Guyon, par M. Henry Langlois, nous font songer au peintre aimé de cette station thermale, à Nicolas Berthon. Il y a de sa manière dans la scène rustique que nous avons sous les yeux : à l'ombre du lourd escalier de pierre, devant la grande porte de la ferme, des femmes assises, en canotes, préparent le repas du soir, tandis qu'un jeune laboureur fume sa pipe, appuyé sur les larges rebords de l'escalier, et, tranquille, les regarde. C'est aussi le costume des Auvergnates qui a séduit l'excellent peintre, ami, collaborateur et graveur de l'œuvre de Flandrin, M. Jean-Baptiste Poncet. Sa *Jeune Femme à l'église* est une sérieuse étude. Citons les excellents intérieurs de M. Paul Soyer et applaudissons à la récompense, une médaille de 3e classe, que vient d'obtenir un de nos voisins de Roanne, M. Emile Noirot. Son grand paysage : *Le Saut du Perron*, est une merveille d'expression juste et de sincérité. La Loire coule torrentueuse au premier plan, se brisant contre d'énormes rocs et bouillonnant écumeuse, tandis que les assises des monts du Forez, solidement établies, montrent leurs belles croupes mordorées et rougies par l'automne, d'une sévérité puissante et d'une solitude qui impressionne.

A la section d'architecture, il ne faut pas oublier les remarquables envois de M. Emile Camut : *Projet d'église pour Vensat* et *Saint-Paul d'Issoire*; la vue d'ensemble et les détails de la porte de l'église d'Auzon (Haute-Loire), par M. Petitgrand; le maître-autel de la cathédrale de Clermont, par M. Beutz.

Descendons à la sculpture.

Nous remarquons d'abord la charmante composition

d'un jeune statuaire, M. Eucher Girardin, dont on se rappelle la *Brodeuse forézienne*, du Salon de 1888. Sous ce titre : *Marie*, il a représenté, dans son calme et pudique sommeil, la jeune fille du poème de Rolla, encore naïve et chaste, avant de devenir Marion. Elle est étendue sur sa couche de vierge, la tête sur l'oreiller, un bras replié gracieusement. Il faut louer l'ingénuité du visage et la gracilité du corps à moitié découvert, ou mieux relire les vers de Musset, que M. Girardin a fidèlement interprétés :

C'est un enfant qui dort. Sur ses lèvres ouvertes
Voltige par instants un faible et doux soupir.....
....
C'est un enfant qui dort sous ces épais rideaux,
Un enfant de quinze ans, presque une jeune femme ;
Rien n'est encor formé dans cet être charmant.
Le petit chérubin qui veille sur son âme
Doute s'il est son frère ou s'il est son amant.
Ses longs cheveux épais la couvrent tout entière.
La croix de son collier repose dans sa main,
Comme pour témoigner qu'elle a fait sa prière
Et qu'elle va la faire en s'éveillant demain.

Marie a valu à son auteur sa première récompense. Elle figurera bientôt à l'Exposition de Saint-Etienne, ainsi que la reproduction, en bronze, de la Brodeuse forézienne, et le joli portrait d'enfant : *Petite Suzanne*.

Notons un buste d'avocat, M. C..., par Jean Coulon ; celui d'une jeune fille, par M. Fulconis ; un médaillon, en plâtre, de M. Viennet, et un autre d'un jeune homme portant lorgnon, par M. Joseph Descomps, né à Clermont-Ferrand.

Nous arrivons devant les œuvres admirées du sculpteur Mombur :

Voici d'abord le bronze, très heureusement exécuté par le fondeur Thiébault, de l'*Idylle*, dont nous avons fait ressortir, ici même, l'an passé, l'exquise délicatesse et le charme pénétrant. On aurait pu craindre que le bronze ne fût moins bien approprié que le marbre à la grâce féminine du sujet. Mais il n'en est rien, et la reproduction donne la même impression que l'original.

La statue de M. de Barante est une œuvre nouvelle. Nous pouvons dire, après avoir consulté les personnes qui ont connu le célèbre historien, qu'elle reproduit très exactement son attitude, ses traits et sa physionomie. Au point de vue sculptural, elle est d'un grand effet. Le manteau largement drapé laisse voir l'habit d'académicien, les rubans et les décorations qui ornent la poitrine. La figure, un peu sévère, est pleine d'intelligence et de bonté. La main droite repose naturellement sur une pile de livres ; la gauche tient un manuscrit enroulé. L'ensemble est superbe. Il rend bien ce calme vivant qui convient à la statuaire, suivant l'expression de M. Thomas, de l'Institut, à propos de l'œuvre de Mombur. Cette statue sera-t-elle acquise par le département du Puy-de-Dôme ou par la ville de Clermont? Nous l'ignorons. Mais il est souhaitable qu'elle devienne l'ornement d'une de nos places publiques. M. de Barante, historien, publiciste, homme d'Etat, mérite, à tous égards, cet honneur. Député en 1815, il ne faut pas oublier qu'il siégea avec la minorité libérale et qu'il combattit les mesures réactionnaires, qu'il fut qualifié de *doctrinaire*, par ses ennemis, avec les Broglie, les Pasquier, les Molé. Pair de France, ambassadeur à Turin, en Russie, toujours mêlé à la haute politique libérale, il s'est fait un nom vénéré parmi les membres de l'Académie française, pour la distinction de son urbanité, pour son caractère digne et bon, et surtout pour ses ouvrages : le *Tableau de la Littérature au dix-huitième siècle*, les *Mémoires de Madame de La Rochejacquelin*, la traduction de *Schiller* et cette *Histoire des ducs de Bourgogne*, qui fit presque une révolution dans la manière d'écrire l'histoire.

*
* *

Le Salon du Champ-de-Mars, moins important que son rival des Champs-Élysées, comme nombre d'œuvres reçues, intéresse cependant au plus haut point par le mélange de toiles de maîtres incontestés, comme Puvis de Chavannes, Carolus-Duran, Duez, Cazin, Roll, Gervex, et de tentatives pleines d'audace, heureuses quelquefois, d'artistes moins connus. Il se dégage de cet ensemble une impression très particulière d'art nouveau, vivant et en même temps raffiné. La peinture historique, militaire, mythologique y est presque totalement négligée. Ouvrez le catalogue, vous y verrez des paysages, des portraits, des scènes de la vie actuelle. Une volonté, une entente nettement définies ont dû présider à ce choix qui a paru surprendre la foule, mais qui précise une tendance artistique très moderne.

Quelques paysages ont attiré notre attention. M. Charles Cottet, notre compatriote, est en progrès avec son *Crépuscule à Camaret-sur-Mer*. Ses ciels et ses flots n'ont plus les tons violents qui nous avaient presque effrayé l'année dernière. Le jeune garçon et sa compagne, au premier plan, intéressent par le naturel des poses et la justesse du coloris. Mais les vaisseaux et les barques qui flottent sur la mer paraissent réellement trop petits et font songer aux jouets d'enfants dans un bassin de jardin public.

M. Albert Aublet, dont l'exposition est superbe dans sa variété, nous conduit en pleines montagnes d'Auvergne, au *Village de Fenestre*. Devant ces maisons rustiques, couvertes de chaume, ces ruelles parsemées de pierres et de fumiers, ces horizons boisés, cette route en lacets qui serpente sur le flanc de la montagne, nos souvenirs nous transportaient près de Pontgibaud, à Laudine, ou devant le chalet Goutte-Bessis, d'où le regard embrasse le cours sinueux de la Sioule, les pics lointains du Mont-Dore, les formidables masses volcaniques des dômes et, tout près, le vieux château seigneurial avec son enceinte de tours sarrasines et de murs crénelés.

C'est à Thiers que M. Ribarz nous amène, en face de la petite chapelle de Saint-Roch, isolée au-dessus du ravin, comme un ermitage. Un peu trop de fantaisie dans l'arrangement des gorges et du village qui ferment l'horizon. Nous préférons le suivre sur la route de Paris, au tournant de Catharin, dont il a fixé avec talent le charme pittoresque.

Voici encore des miniatures d'un compatriote, M. Dinaumare, dont le pinceau a, suivant le sujet, de la finesse ou de la grâce. Ce sont les portraits de M. Xanroff, de Mme la baronne de G... R..., de Mlle Gentis, d'Yvette Guilbert. Yvette Guilbert, la chanteuse parisienne à la mode, peinte par un Auvergnat de Riom, est-ce assez fin de siècle !

Enfin, M. Gustave Chéret a exposé plusieurs objets d'art, d'un travail ingénieux et personnel : *Enfants et Grenouilles; Enfants aux cerceaux;* l'*Espiègle* et des hauts-reliefs et fûts de colonnes exécutés pour l'hôtel de Mme Dervillé.

*
* *

Nous finirons par le Salon des Arts-Libéraux, ouvert en face du palais des Beaux-Arts, au Champ-de-Mars. Il a pour but de protester contre les injustices des jurys d'examen. Ce n'est pas exclusivement un salon des refusés, puisqu'il contient des œuvres n'ayant jamais été soumises à un jury et qu'y sont inscrits des artistes exposant au palais de l'Industrie et au palais des Beaux-Arts. C'est une manifestation en faveur de la suppression des jurys ; du droit pour tous d'exposer. Sans entrer dans la discussion de ce programme révolutionnaire, nous mentionnerons les toiles se rapportant à l'Auvergne.

M. Gustave de Maupassant, le père du romancier, étudie depuis longtemps Châtel-Guyon et ses environs. Il nous apporte, cette année : *La vue générale de la ville*, *Une rue*, *Les vieilles maisons*, *Un coin de ferme* et *La place de l'église*.

M. José Maton a reproduit, avec une touche un peu molle, *Un vieux passage à Royat*, qui avait déjà fourni le sujet d'un des meilleurs tableaux du regretté Antoine Roux.

M. Antoine Roux avait conquis le titre de *peintre de Royat*. M. Pierre Tullon semble ambitionner celui de peintre de Gelles. C'est, en effet, le village natal qui l'attire et le retient. On n'a pas oublié la composition importante : *Le repos du dimanche*, qui date de 1885 et que la photographie a popularisée. Les scènes d'intérieurs conviennent au talent robuste et primesautier de M. Pierre Tullon. Ce sont elles qui méritent de sérieux éloges. Assurément le Givre, le pont de Gelles ont leur valeur; mais la chambre modeste où, près de la fenêtre aux rideaux blancs, devant le lit de serge surmonté du grand crucifix pendu au mur, la paysanne coud tranquillement, captive le regard par la simplicité et la vérité du rendu. La forge, avec ses étincelles sur le fond noir des murs et des instruments de travail, est une œuvre excellente. Nous engageons l'artiste à persévérer dans cette voie. A côté de Nicolas Berthon et d'Antoine Roux, il a déjà sa place, comme un bon peintre d'intérieurs.

L'exposition de Mlles Cécile et Marie Dezliens est des plus attrayantes. Ces deux sœurs unissent et mêlent leur talent, et on pourrait leur appliquer ces vers de Banville aux deux Goncourt :

Comme deux vers jumeaux volent d'un même essor
Attachés par la rime avec des liens d'or;
De même, avec amour, *ô sœurs*, vos deux pensées
Marchent d'un pas égal, l'une à l'autre enlacées.

Elles exécutent supérieurement le portrait. La finesse du coloris, la pureté du dessin, la force dans l'exécution, telles sont leurs qualités soutenues, sans défaillances. Voici les portraits de Mmes Millevoye, Grivel, Zeller, ceux de MM. Boyer, Iréné Blanc. Les figures sont expressives, la ressemblance est parfaite. Le portrait de M. Bouquet de la Grye, non pas le membre de l'Académie des sciences, mais le conservateur des forêts, est d'une vérité saisissante. Celui de M. E. Dezliens, le père des artistes, est superbe. La tête est puissante, largement traitée. Tout l'intérêt s'y concentre. C'est une œuvre de premier ordre.

Ainsi, nous avons rencontré, même aux Arts Libéraux, des peintres distingués que l'Auvergne réclame, et nous terminons cette étude trop rapidement pour la valeur des œuvres citées, mais non pour la bienveillance du lecteur.

Paris, 3 juillet 1891.

Clermont-Ferrand, typographie Mont-Louis, rue Barbançon, 2.

CLERMONT-FERRAND. — IMPRIMERIE MONT-LOUIS, RUE BARBANÇON, 2

www.ingramcontent.com/pod-product-compliance
Lightning Source LLC
LaVergne TN
LVHW010014230826
846092LV00002B/806

* 9 7 8 2 3 2 9 6 3 5 4 3 9 *